これからは自分を一番に考える

がんばりすぎてしまう
君に贈る62の言葉

ジョン・キム

すばる舎

いつも自分のことを
あとまわしにしてしまう君へ

Contents

第1章

大丈夫、君はそのままで美しい

第2章

不安で眠れない夜に

第3章

君にとって大切なもの

第4章

人を好きになるということ

第5章

これからは自分を一番に考える

プロデュース　永松茂久
ブックデザイン 池上幸一
イラスト　　　神田ゆうこ
編集　　　　　小寺裕樹（すばる舎）

第 1 章

大丈夫、
君は
そのままで
美しい

自分の心に耳を傾け、
自分の道を歩む

君のこれまでの道のり、
そのすべてが、他者への献身で彩られていた。

誰かの視線や期待にとらわれ、
誰かのためだけに時間を奪われ、
誰かのためだけに自分を犠牲にしてきた。

でも、これからは自分を一番に考える。

人々の声、期待の目、求める手。
それらから離れて、これからは、君が君の一番になる。

自分に問いかけ、自分の声を大切にする。
自分の心に耳を傾け、自分の道を歩む。

それが、これからの君の生き方。

いつも自分のことを
あとまわしにしてしまう君へ

君は、花のように他人に微笑むけれど、
自分の心をいつもあとまわしにしてしまう。

君の優しさは雨のようにまわりを潤すけれど、
君自身の心の奥底では、何かが乾いている。

そう、君が
自分自身を潤す雨を
降らせることを忘れているからだ。

その献身は美しいけれど、君自身を見失わないで。
君はこれ以上、他人のためだけに生きる必要はない。

君が自分を愛する日を待っている。
その日、世界はもっと美しくなる。

君自身が、もっとも大切な存在

君が見上げる空、君が歩む道、
君が触れる風、君が愛する人。
すべてが、君の世界を織りなす糸となる。

だけどね、君よ、忘れないで。

そのすべてをつなげているのは、
ほかならぬ君自身であることを。

その空も、その道も、
その風も、また、その愛する人も、
みんな、君のことを
同じように愛してくれていることを。

君はほかの誰かではなく、
君自身であることに価値がある。

君の笑顔、君の涙、
君の怒り、君の喜び。

そのすべてが君をかたちづくり、
君の世界を豊かにしてくれる。

I love you because you are you.

現代のカウンセリングの父と言われる
カール・ロジャーズの言葉に、

"I love you because you are you."
 （あなたがあなただから、私はあなたを愛しています）

というものがある。

僕たちは常に完璧を求められ、
他人の期待に応えることに追われてしまう。
そのせいで自分を飾り立て、自分をよりよく見せようとする。

しかし本当に大切なのは、
君が飾りっ気のない本当の自分自身を愛し、
受け入れること。

「あなたがあなただから、私はあなたを愛しています」

それは、君が君自身であること、
そのすべてを愛しているということを意味する。

君のよい面も、足りない面も、
強さも、弱さも、ときに見せる脆さも。

それは、君がどのように変わろうとも、
僕の想いは変わらないことを保証する言葉。

愛とは、相手を理解し、受け入れ、尊重すること。
相手の存在そのものを見つめ、その存在を祝福すること。

それが、君が君であること、
「あなたがあなただから、私はあなたを愛しています」
という言葉の本質なんだ。

この世界は無数の個性に満ちている。
それぞれの人が自分自身の価値観、経験、能力を持っている。

だからこそ、1人ひとりが自分自身のままであることが
何よりも重要なんだ。

自分を否定せず、肯定することで、
他人もまた同じ自分を肯定し、生きる勇気を得ることができる。

置かれた場所で咲かなくてもいい

すべてが、君自身の旅。

どこにでもある、
見慣れた風景で咲く必要はない。

君が見つけた、
君だけの土地で咲けばいい。

自分のペースで、自分の色で、君らしく。

もっと好きに生きても大丈夫

僕たちは、社会の期待や
周囲の制約のなかで生きている。

他者や社会からのプレッシャーに翻弄され、
ときとして自分の感情や願望を
無視してしまうことがある。

でも、
心から自分のことを愛し、
人生を満喫するためには、
心の声に耳を傾け、
自分が決めた道を信じて進むことが大切だ。

自分の心の声に従い、
自分の気持ちを大切にし、
自分だけの道を進む。

その一歩一歩が、
君が本当に自分の人生を選択し、
歩んでいく轍となる。

その残した道が、
自分で自分の人生を選び、
幸せを追求してきた
君自身の勇気のあらわれとなるのだ。

その勇気が、
まわりの人をまだ知らない未知の領域へと
導くかもしれない。

その道のりは
君自身の成長を深め、
視野を広げてくれる、
多彩な体験の機会。

人生をさらに彩りのあるものにする。

そんなときもあるよ

曇り空が広がり、
心が重くなるときもある。

笑顔を忘れ、
涙がこぼれそうになるときもある。

そんなときもある、
それが人生の一部。

だけど、
寂しくても、君はひとりじゃない。

それに、そんな気持ちになるのは
君だけじゃないから、大丈夫。

耳をすませば
君のそばには、
遠くても、近くても、
君を思う人々の声が、
聞こえてくるはず。

だから、涙があふれる夜も、
君が立ち止まってしまう道も、
大丈夫。

そのままでいい、
だって君だけが君なのだから。

笑っても、泣いても、
君だけが君なのだから。

大丈夫、
そんなときもある。

そんな君も、愛おしい。

そんなにがんばらなくてもいいよ

歩いてきた過去を振り返り、
自分がどれほどがんばったかを思い出すことがある。

その努力はときに過酷で、
疲労とストレスを引き起こすこともあった。
それでも、それは成長と未来のために必要だと信じて、
ときに自分を犠牲にすることもあった。

時間をさかのぼり、
過去の自分に声をかけることができるなら、
何を伝えたい？

僕の場合は、
「そんなにがんばらなくてもいいよ」
という言葉を自分に贈るだろう。

それは自分自身を過去の苦しみから救い出す、
あるいは自分自身を癒すための優しい思いやりなんだと思う。

それぞれの過去の経験がいまの自分を形成し、
僕を僕自身にするための重要な瞬間であった。

しかし、それは必ずしも
僕ががんばり続けなければならないという意味ではないと思う。

もし、あのころ、誰かが僕に
「そんなにがんばらなくてもいいよ」
という言葉をかけてくれたのなら、
僕はもっと救われていたと思う。

頭を優しくなでられるような安堵感に包まれ、
穏やかな海に浸っているような気分になり、
安らぎの世界を見つけ出した気分になったと思う。

「そんなにがんばらなくてもいいよ」という言葉は、
自分が必死に泳いでいた広大な海が、
ふと目を開けてみれば小さなプールだったと気づかせてくれる。

がんばりは決して無駄ではない。
だけどそれは、人生のすべてでもない。
自分を許し、自分を愛することができれば、それはもう十分。
大好物の甘栗を口にしながら、大好きな曲を聴く。
その一瞬一瞬の喜びこそが、すべてなのだ。

どんな自分も否定しない

ふとした瞬間、
理由なき自己批判に包まれることがある。

でも、その瞬間こそ、
自分を見つめ、自分を深く理解し、
自分を無条件に丸ごと受け入れる
チャンスとして捉えよう。

どんな自分も否定するのではなく、
一歩後ろに下がり、自分を見つめ、
自分を認める瞬間として受け止めよう。

どんなに小さく、
些細な部分であっても、
それは君自身の一部であり、
それは君を君たらしめる
必要不可欠な要素。

失敗を繰り返し、
後悔の連続であったとしても、
その過ちが君を育て、磨き、
人間らしくしてくれることを忘れないで。

不完全な自分は、完全なる存在である。

強くて弱い、勤勉で怠け者、
善良でときに自己中心的、
君はそれらすべてを含む存在だ。

だからこそ、どんな自分も否定しない。

君が君であること、
それがこの世界における
君の役割なのだから。

君の笑顔が世界を変える

君の笑った顔は、優しい風、
世界を包み、暖かさを運ぶ。

人々の心に、君の笑顔が響くとき、
そこに新たな希望の種が生まれる。

君の笑顔が、そう、世界を変える。

見つめるものすべてを、
安心で満たしてゆく。

君の笑顔、
それは僕たちの宝物。

君の笑顔が、そのままの君が、
まわりを変える、僕たちを照らす力となる。

君が笑う。世界が輝く。

人生の価値は、
自分自身をどれほど信じたかの総量

自分自身を信じるとは、
どういうことだろう。

それは、
他人の評価に流されず、疑わず、
自分の道を歩むということ。

そんなとき、意地悪な声が内心でささやく。
「本当にそれでいいの?」と。

それを聞き流すことも、
すべては君次第。

自分を信じることは、
決して容易なことじゃないかもしれない。

ときには迷い、とまどい、涙を流すこともあるだろう。

だけど、人生の価値を決めるのは、
他人でも社会でもない。

自分がどれだけ自分を信じ、
自分の道を進み続けられるかだ。

ときには厳しい風が吹くかもしれない。

でも、君が君自身を信じ続ける限り、
その風も、君を強くする風に変わる。

他人に認められようと、認められまいと、
それは重要なことじゃない。

自分自身を信じ続けることこそが、
人生の価値をつむぎ出す。

大切なのは、君が自分の人生の主役であり続けること。

君が自分自身をどれほど信じ、愛し続けられるか。
そのすべてが、人生の価値そのものだから。

自分を見つめなおす旅

旅をはじめよう。
自分を認める勇気をバッグに入れて。

見慣れぬ景色に新しい目を向け
自分自身を見つめ直す旅を。

それは過去の痛みを癒す旅でもあり
未来への希望を見つける旅でもある。

君は美しい、
君は価値がある。

たとえ誰かに否定されようとも、
君自身が自分を認めることで、その否定は無力となる。

その旅が終わるとき、
君は君自身の光を見つけ、
新しい君と出会う。

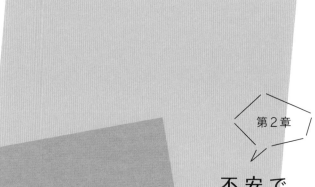

第2章

不安で
眠れない
夜に

気分が沈む日は

窓の外はグレーで、心のなかもグレー。
そんな日もある、それもみんなの君の人生の一片。

でもね、そんな日こそ、
ただひたすらに自分を一番に考えるといい。

気分が沈む日は、
お気に入りの小説を開いてみる。
そこには別の世界、別の君がいる。

気分が沈む日は、
静かに深呼吸をしてみる。

心の奥底から深く吸い込み、大きく吐き出す。
そこには新たな空気、新たな希望が舞い込む。

気分が沈む日は、
君が君を一番に考える日。

ときには、まわりのすべてを忘れて
自分を大切にする時間も必要。

そう、気分が沈む日も、じつは美しい。
そう思えばいい。

いつも君のことを
見てくれている人がいる

君は決してひとりじゃない。
いつも君を見守り、君を応援している誰かが必ずいる。

それは親かもしれないし、
友人かもしれないし、恋人かもしれないし、
あるいはまだ出会っていない誰かかもしれない。

君が喜びを感じたとき、彼らは共に喜び、
君が悲しみを感じたとき、彼らは共に悲しむ。

その人たちは、たとえ言葉にしなくても、
その存在そのものが君を支えている証。

その人たちは、
君が君自身を疑うときも、君を信じている。
君が君自身を責め立てるときも、君の未来を見つめている。

そして君が君自身を愛せないときも、
彼らは君を愛し続けている。

君がその存在に気づいていなかったとしても、
その存在を忘れてしまったとしても、
彼らはいつでもそこにいる。

君のことを静かに見守り、
君の成功を祈り、君の困難を共有し、
君の喜びを祝福している。

だから、
君が孤独を感じたとき、力を失ったとき、
いつも君のことを見てくれている人たちを思い出して。
彼らの存在を感じ、彼らの愛を受け入れて。
それが君を支え、君を強くし、君を愛する力になるから。

いつも君のことを見てくれている人がいる。

それは君がひとりではないという証明であり、
君が愛されているという確信。

その事実を深く心に刻んで、君自身を信じ、愛し、
そして前に進み続けてほしい。

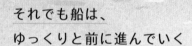

それでも船は、
ゆっくりと前に進んでいく

僕たちの心は、人生という海を渡る船。

ときには波に揺られ、ときには風に吹かれ、
ときには嵐に飲み込まれそうになるけれど

その海を渡る船は
揺られつつも、
ゆっくりと前に進んでいく。

雨が降っても、風が吹いても、
日が昇っても、月が輝いても、

困難に直面しても、失敗しても、
また笑顔が消えそうになっても、

すべてはただの通過点、
ひとつの風景。

それでも船はゆっくりと前に進んでいく。

そういうこともあるよね、と
ひとつずつ自分を認めていきながら。

寂しさをごまかさない

寂しさは、
ときには痛みとなり、
涙となる。

それは自然と湧き上がる、
「自分を一番に考えて」
という君自身の声。

それをごまかすことは、
自分の心の声を塞ぎ、
無視することになる。

寂しさは、
人生の波の一部で
君の感情の海の一部だ。

自分の心の声を聞き、
自分の気持ちを受け入れよう。

寂しさを受け入れて、
真正面から向き合ってみよう。

その寂しさが、
君自身を深く知る鍵となる。

その寂しさが、
新しい君をつくる。

それを受け入れることで、
本当の自分に気づくことができる。

君がいるだけで

君の存在が
誰かを笑顔にしている。

君が放つ光が、
世界を照らし、
誰かの心を温めている。

君が笑顔になれば、
その輝きが誰かを照らす。

君の笑顔が誰かを笑顔にし、
その人の笑顔がまた
ほかの誰かを笑顔にする。

それは波紋のように広がっていく。

ときには、その重荷に
押しつぶされそうになることもある。

そんなときこそ、
思い出してほしい。

君の言葉、
君の行動、
君の思いやりが、

他人の心に触れ、誰かを動かす。

君の存在そのものが、
他人の心を明るくし、
希望を与える。

だから、
どんなに厳しい状況に立たされても忘れないで。

君がいるだけで誰かを笑顔にしている。
そのことを忘れないで。

やめてもいい

ときには、
思い切ってやめてみればいい。

無理をし続けてきた君自身を
一度、許してみるんだ。

果てしない道のりに疲れ果てたとき
「やめてもいい」と、
言い聞かせてみよう。

夢が遠く、手が届かないと感じたとき
「やめてもいい」と、
ふと立ち止まってみよう。

涙があふれてしまったとき
「やめてもいい」と、
自分を慰めてみよう。

勇気を持って
「やめてもいい」と
自分を許したときに初めて、

「力を抜いて、
ひと息つくことが
必要なときは必ずある」

と気づくはず。

だから、ときにはやめてもいい。
自分を許し、力を取り戻すために。

挫折も成長の一部だ。
そう考えればいい。

「やめてもいい」

ときにはその許しこそが、
君を前に進めるための
かけがえのない力になる。

新しい自分のはじめ方

過ぎ去った過去とは、決めて、別れよう。
それは、古い物語から新たな物語へと舞台を移すこと。

過去の影は長く、ときに重く、
君の足を引きずり、視線をくもらせる。

しかし、
それはもう繰り返すことのない、
彼方に落ちた太陽。

過去は、たしかに君をかたちづくったけれど、
ここからの君を縛るものじゃない。

だから過ぎ去った過去とは、決めて、別れよう。
その手を振って、新たな物語の脚本に目を向けよう。

過去と決別すること。
それが、君が自由になる物語のはじめ方。

未来の不安を先取りしない

僕たちは常に未来を心配する。

その不安によって
気持ちが揺さぶられる。

明日の予定から、
遠くの未来に対する計画、
人生の大きな決断に至るまで。

未来の不安を先取りすることは、
さらなる不安を引き起こし、
心の平穏を奪い、
僕たちをいまこの瞬間から
遠ざける。

未来の不安を
先取りするのはやめよう。

そうすることが、
現在の経験をより深く感じ、
自分を感じるための道となる。

未来を心配する代わりに、

「ようこそ」

と迎え入れることが、
不安を和らげ、
いまの瞬間の喜びを取り戻す方法だ。

やる前から「できない」と決めつけないで

やる前から「できない」と
決めつけてしまうのは、
未来への扉を閉ざすこと。

過去の失敗、まわりからの声、
それらが未来を規定するものではない。

君の心のなかにある小さな勇気、
それが未来を紡いでいく。

だから、やる前から「できない」と決めつけないで。
小さな勇気を持って可能性への扉を開いてみて。

そこには君だけの景色が待っている。

やりたいことに向かって、
一歩を踏み出す君。

その姿こそが、
すべてを変える力となる。

過去の自分に贈りたい言葉

怖がらないで大丈夫だよ。

君が進んできた道は、
たしかに存在しているから。

立ち止まったこと、
進んできたこと、
すべてが君をかたちづくる。

君が感じたすべての経験は、
君の深みを増していく。

だから過去の君へ、
この言葉を贈る。

どんなときも、
自分を信じて、
自分を許して。

それが君の旅を、
僕の旅を、
もっと豊かに、
もっと美しく照らしてくれる。

たとえ君が
絶望のなかにいたとしても

絶望的なできごとが起きて、
真っ暗で何も見えなくて、
心が寒くてふるえるとき。

そのときでも、
絶望の隣にはいつも、
小さな光が灯っている。

そのときは見えないかもしれない。

けれどそれは
たしかに存在する。

絶望と希望は
織り交ぜるように存在し、
ひとつは、
ほかのひとつなしには
存在できない。

だから
絶望のなかにいるときこそ、
その隣にある希望を信じてみて。

光を信じて、
手を伸ばしてみて。

そのとき君は思い出す

心が折れそうなときは
一度立ち止まって、
空を見上げてみる。

風が吹き抜ける瞬間を感じて、
スーッと息を吸い込んでみる。

そして目を閉じて、
これまでの自分を
思い出してみる。

そのとき君は思い出す。

自分自身が
つらかった過去を
乗り越えて来た強さを
持っているということを。

心が折れそうなときは
大切な人の笑顔を
想い浮かべてみる。

そのとき君は思い出す。

ひとりぼっちに感じてしまう
自分自身に
その人たちの
愛と支えがあることを。

第 3 章

君 に と っ て
大 切 な も の

苦しくなってまで、
努力はしなくていい

苦しくなってまで
身を粉にして努力する。

そんなこと、誰も望んでいない。

雲は気まぐれに流れ、
風は自由に吹き抜けてゆく。

なのになんで、
君だけが苦しみを背負い、
窒息するのだろう？

大地は君を支え、空は君を包み込んでいる。
君が足を踏み出すたび、世界は君を歓迎する。

だから、無理に背負わなくていい。
自然と共に、自分らしく、
すべての瞬間を楽しめばいい。

ほとんどのことは取り返しがつく

ミスや失敗は、
僕たちが成長するための
大切な一歩だ。

ただ、その実現には
自らの「過ちを認める勇気」が必要だ。

それは自己否定とは違う。

過ちを認めるとは、
それを欠点や弱さとして受け入れるのではなく、
自身の成長の一部として捉えることだ。

それは、
「僕はまだ学び途中である」
という事実を喜びとして受け入れ、
自己の進化と深化を続けるための礎とすることだ。

ほとんどの過ちは取り返しがつく。

それは、過ちが僕たちの人間性の一部であり、
その人間性を通じて僕たちは成長し続けるからだ。

過ちを認め、
そこから学び、
それからの行動を修正することで、
君は絶えず成長し、
前進し続ける。

大切なものほど、声が小さい

大切なものほど、声が小さいから聞こえにくい。

喧騒のなかで大きく鳴り響く声や、
ビルボードで煌めく明るいメッセージは、
すぐに僕たちの目を捉える。

それらは短時間で注意を引きつけるけど、
本当に大切なものを教えてくれることはほとんどない。

それに対して、
本当に大切なものは、
しばしば静かな語り口で君に寄り添う。

それは心の奥底でささやく声、
あるいは無言の夜空で静かに輝く星のようなもの。

それらは大声で自己主張をすることはないが、
その存在は深く、力強い。

愛する人の優しい笑顔、
家族の暖かい抱擁、
自然の無償の美しさ、
静寂のなかで響く風の音。

これらは一時的な大音響ではないかもしれないが、
僕たちの心を深く打つものだ。

これらの小さな声こそが、
人生の本質を教えてくれる。

だからこそ、
君は心を静め、耳をすませて、
その小さな声に耳を傾けるべきだ。

大切なものほど、声が小さい。

大切なものには、時間をかけよう

大切なものは急がず、焦らず、
静かに時間を経て、手に入れる。

それは遅いかもしれない、
でも、それは大切なもの。

だからこそ、時間をかけるんだ。
愛を育むために、夢を叶えるために。

時間をかけたからこそ、
本当に美しいものになっていく。

急がなくていい。
焦らなくていい。

これからは、足し算より「引き算」

僕たちは常に
もっと多くを追求することを求められている。

より深い知識、増え続ける仕事、
新たな経験、増える人間関係、
さらなる趣味、さらなる所有物。

それらはすべて僕たちの欲望を満たすための
「足し算」の思考法に基づいているが、
ときとしてそのすべてが人生を複雑にし、
重荷となることがある。

これからは「引き算」の思考法で生きよう。

引き算の思考法とは、
必要なものだけを保ち、余計なものを取り除く思考法。

それはまるで彫刻のようなもの。
不要なものを削ぎ落とすことで、
真の美作が誕生する。

偉大な彫刻家、ミケランジェロ。
「どのようにダビデ像をつくり上げたのか？」
と問われた彼は、

「ダビデは私がつくったわけではない。私はただ大理石のなか
に眠っているダビデ以外のものを削ぎ落としただけだ」

と答えた。

本当に大切なものは、足し算ではなく、
引き算によって明らかになる。

本質以外のモノ・コト・ヒトを削ぎ落とすことで、
自身の時間とエネルギーを大切に保つことができる。

そして、そのエネルギーを本当に価値あるものに集中して
投下することができるようになる。

「愛を持って語れるもの」だけに囲まれて生きよう。

「完璧」ではなく、
「楽しい」を大切に

完璧を追い求めるとき、
僕たちの心は窮屈になる。

それはまるで過ちを恐れて、
自分自身を縛る糸のようだ。

ああ、なんて重たい糸だろう。
それはきらびやかに見える
かもしれないけれど。

でも、その糸を解き放つ力を、
君は持っている。

その鍵は、
「楽しむこと」にある。

完璧を追求するのをやめて、
楽しみを求めよう。

うまくやろうとせず、
「楽しくやろう」と決めよう。

失敗は、
大切な経験と成長の種。

君が何かをはじめるときも、
うまくやろうとせず、
楽しむ心を持ってみる。

そのとき、
自由な君が現れ、
クリエイティブな人生を
謳歌することになる。

お金とのつき合い方

お金持ちになるには何が必要か、と問うなら、
答えは単純。

それは「愛」だろう。

お金持ちになる方法は、
一夜にしては訪れない。

毎日、少しずつ、
自分自身に投資すること。

夢を追いかけ、
その途中で学ぶこと。

お金は、ただのツールに過ぎない。
目的地ではなく、旅の手段。

大切なのは、お金を使って、どう生きるか。
お金を使って、その先に何を見つけるか。

愛と友情、
健康と時間、
一番大切なものは、
お金で買えない。

本当の価値は、
心のなかにある。

お金ではなく、
愛を蓄えること。

それが答え。

「好き」を追うか、「安定」を選ぶか

情熱と安定。

ふたつの道が君の前に開かれ、
どちらを選ぼうか、
君は立ち止まって考える。

好きな仕事、そこには燃える情熱があり、
一方、安定の道は静かで、安らぎがある。

君の心が何を望んでいるのか。
何を選ぶかは、「君次第」だ。

好きなことをするか、
安定した仕事を選ぶか、

誰もが持つこのジレンマに、
答えはひとつだけ。

それは君の心が望む道を、
ためらわずに進むこと。

どちらを選ぼうと、
君の道は君の道。

自分で選んだ
その道を歩きはじめる君を見つめて、
僕はただ、そっと手を振る。

心を空っぽにする

満たされること、それは喜び。

しかし、ときに心が騒ぎ、
静寂なひとときを求めることがある。

そんなときは
「心を空っぽにしよう」
と静かに呟いてみる。

満たすよりも、軽やかに。
満たすよりも、自由自在に。

心を空っぽにし、すべてを受け入れてみよう。
心は、その空っぽな状態を、必ず喜んでくれる。

なかったことにしたい記憶もあるけれど

砂糖の甘みは
コーヒーの苦みで引き立つ。

同じく、
苦い思い出がなかったら、
人生は甘くならない。

そんな苦い思い出のなかにこそ、
宝物のような
貴重な教訓がある。

郵 便 は が き

（切手をお貼り下さい）

１７０-００１３

（受取人）

東京都豊島区東池袋 3-9-7
東池袋織本ビル４F

㈱すばる舎 行

この度は、本書をお買い上げいただきまして誠にありがとうございました。
お手数ですが、今後の出版の参考のために各項目にご記入のうえ、弊社までご返送ください。

お名前		男・女	才
ご住所			
ご職業	E-mail		

今後、新刊に関する情報、新企画へのアンケート、セミナー等のご案内を
郵送またはＥメールでお送りさせていただいてもよろしいでしょうか？

　　　　　　　　　　　　　　　□はい　□いいえ

ご返送いただいた方の中から抽選で毎月３名様に
3,000円分の図書カードをプレゼントさせていただきます。

当選の発表はプレゼントの発送をもって代えさせていただきます。
※ご記入いただいた個人情報はプレゼントの発送以外に利用することはありません。
※本書へのご意見・ご感想に関しては、匿名にて広告等の文面に掲載させていただくことがございます。

◎タイトル：

◎書店名（ネット書店名）：

◎本書へのご意見・ご感想をお聞かせください。

滑るように
順調に進む人生などない。

途中でつまずき、
挫折を経験すること、

それこそが人生のリアリティ。

挫折は、
君を押し倒すだけでなく、
君をより高く
跳ね上がらせる弾力となる。

そうして挫折は
君自身の大切な一部となり、
君の未来を照らす明かりとなる。

失うことは、手に入れること

日常は、
変化とともにある舞台であり、
僕たちは日々、役者として
さまざまなシーンを演じている。

喜び、悲しみ、驚き、失望、愛、怒り、
そして何かを失う経験。

それらすべてが、
僕たちが「生きている」ということの証であり、
それが人生のドラマそのものなのだ。

何かを失うことは、
僕たちが何を大切に思うか、
何が真に重要であるかを
考え直す機会を与えてくれる。

人々、場所、習慣、そして想い出。
僕たちが日々失っているものは無数にある。

その「失う」こと自体が、
新たな何かを得る、または見つけ出すための
きっかけとなる。

失ったものに対する悲しみや惜しみは、
僕たちがどれほど深く感じ、愛し、
大切にしていたかを示している。

何かを失い、何かを得て、人は成長し続ける。

それが、
僕たちが日常的に何かを失いながら生きている、
ということの本当の意味なのだ。

まわりの人のために、
自分が幸せでいる

コップから
水があふれるくらい
満たされた心があるとき、

人はまわりに優しくなれる。

自分自身に
優しくすることを忘れたとき、

人は他人に対して
キツくなってしまう。

だからこそ、
僕たちは
心に余裕を持つことを学ぶ。

自分自身を大切にし、
自分自身を許すこと。

それが
他人に対しても優しくなる鍵であり、
自分自身と他人を愛する道となる。

目に見えるものが、
本当のものとは限らない

目の前に広がる世界、
色鮮やかに広がる景色。

その存在はたしかに見え、
それゆえ、僕たちは信じている。

しかし、
目に映るものすべてが
本当のものとは限らない。

目に見えないものこそ、
真実の大切な一部かもしれない。

心の奥深くに隠れた思い、
言葉ではあらわしきれない感情、

目に見えない優しさや愛情、
そっと寄り添う勇気や希望。

それらは目には見えないけれど、
たしかに存在している。

それらは見えなくても、
感じ取ることができるように。

見えるものばかりを信じて、
見えないものを忘れてはいけない。

心の目でしか見ることができない、
見えない世界を大切にしよう。

「本当に大切なものは、目には見えない」

という
星の王子さまの言葉もあるように。

第4章

人を
好きになる
ということ

ひとりの記憶より、

ふたりの思い出がいい

ひとりの記憶は
時間を止めて
孤独を語る。

ふたりの思い出は
時間を超えて、
心をつなぐ。

ひとりで紡いだ記憶は深い、それはたしか。
だけど、ふたりで刻んだ思い出は、尊く、美しい。

ひとりの記憶に浸る時間、それは静かな瞬間。
だけどふたりの思い出を重ねる時間、それは瞬間の連続。

ひとりの記憶より、ふたりの思い出がいい。

来世でも必ず出会う

人は、この世に生まれ、そして去っていく。

それぞれの出会いと別れが、
織りなす物語の一部であり、
僕たちの物語に美しい輝きを添えてくれる。

僕たちは、その運命の糸に導かれながら、生きていく。

出会いは、ときとして予測不能。
それぞれが僕たちに何をもたらすか、
その出会いがどれほど続くのかは、
僕たちが完全にコントロールできるものじゃない。

だからこそ、その出会いの価値は測り知れない。

愛は、時間と空間を超えて存在し、
僕たちを止めようとする
あらゆる限界を超越するもの。

神様が、僕たちを来世でも出会わせてくれると
心から信じるなら、それはきっと実現する。

その希望が僕たちの心を清らかにし、豊かにし、
未来へと導く光となるからだ。

だから、
君とのこの奇跡的な出会いと絆を、
この世だけじゃなく、
来世でもまたつなげてくれることを心から願う。

その信念こそが
いまの僕の生きる力になっている。

君と出会えて本当によかった

君と出会った日、
それはいつものような平凡な１日だった。

でも、それがすべてを変える特別な日だとは、
そのときの僕には思いもよらなかった。

君がそこにいた。
それだけで、世界がちょっとだけ輝きはじめた。

君が笑った。
それだけで、空がいつもより青く見えた。

君の言葉はいつも心に響いた。
まるで、自分がずっと探していた答えが、
そこにあるかのように。

君の存在は、僕の世界に新たな色彩を与えた。

悲しい日も、君がいてくれたから乗り越えられた。
楽しい日も、君と分かち合えたから、幸せになれた。

君と共に歩んだ日々は、
僕の人生に深い足跡を残してくれた。
その一歩一歩が、僕の世界をクリエイトしてくれた。

君と出会えて、本当によかった。

君と出会えたこと、
それは運命のような、偶然のような、
でもたしかに現実のできごと。

それは、僕の人生におけるもっとも美しい奇跡。

君と出会えて、僕は僕でいることの喜びを知った。
君との出会いが、僕の人生を彩る一部となり、
僕の世界を輝かせてくれた。

だから、君と出会えて、本当によかった。

君がいるから、僕はここにいる。
だから君と一緒に、これからも笑い、泣き、共に生きていく。

完璧じゃないと愛されないと思う君へ

誰もが欠陥を持つ。
君がそこに気づかないだけ。

その欠陥は、決して恥ずかしいことじゃない。
それが君を「君」たらしめているのだから。

なぜなら、完璧さよりも、
君自身の真実のほうが、
ずっと価値があるからだ。

自分を理解し、
受け入れることこそが、
自己愛の第一歩だと知るべきだ。

愛されるために完璧である必要はない。
愛されるためには、「自分」であることが大切だ。

君自身のありのままを愛せる人を見つけること、
それが真の愛を見つける秘訣。

君が君らしく在ること。

君が自分の欠点を愛することができるなら、
必ず誰かがそれを見つけ、君を愛する。

完璧であることなんて必要ない。
大切なのは、君が君であること、ただそれだけ。

失くした恋の意味

それはまるで心が破れるような、
未来が霧に消えるような絶望感を引き起こし、
ときには明日への希望を奪うことさえある。

だけど、その痛みを越えることによって、
人は人生について新たな理解を得る。

そして、
より深みのある新しい自分へと
生まれ変わることができる。

だから、その痛みを否定するのではなく、
向き合って受け入れることが大切だ。

なぜなら、それこそが君が真剣に愛した証だから。

その感情を無理に抑え込むのではなく、
その痛みを認め、じっくりと深く感じること。

涙があふれてくるなら、存分に流せばいい。
自分自身を静かに見つめ直す時間を持てばいい。

恋愛は、他人との関わりのなかで
自分を見つめ直す素晴らしい機会。

失恋の痛みを通して、
自分が何を求め、何を必要としているのかを理解する。
そして、新たな旅への一歩を踏み出す勇気を持つことだ。

自分自身を愛することを忘れないで。
自己愛は、自己尊重の証であり、他者への愛の源泉。
自分を大切にし、自分が抱くすべての感情を大切にしよう。

そうやって、人は失恋の痛みを乗り越え、
新たな自分を見つける。

離れた場所で君を待つ、
より深い愛と出会うことができる。

涙の数だけ強くなる

悲しみに包まれた夜、
星空が証人となって
心に刻んだ切ない愛の記憶。

君は
涙の数だけ強くなり
心に咲く花が
増えていく。

忘れたい過去にするのではなく、
過ぎ去った恋を懐かしむように
一瞬だけ手のひらに乗せてみる。

もう一度
心の扉を開いて
新たな恋を迎える、
その準備をするために。

失くした恋を
美しい想い出として
心のアルバムに刻む。

そしてやがて
愛の詩がまた
はじまる。

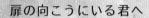

扉の向こうにいる君へ

別れの扉をゆっくりと閉じるとき、
その向こう側には、
出会った瞬間の思い出の人がいる。

泣き疲れて眠る夜もあったけれど、
夢に見るのは、出会った日の君のあの笑顔。

さよならの言葉は心を乱すけれど、
それでも心のなかに咲くのは、
君と出会えた喜びの花。

別れの悲しみよりも、
出会えたことの喜びを感じることにしよう。

なぜなら、出会えたことの喜びの光が、
別れの悲しみの影を消してくれるから。

愛とは、自分を超越すること

好きな人との長い道のりを
一緒に歩みたいと思う気持ちは美しい。

けれども
現実という奴は、
そう簡単には
夢を叶えさせてくれない。

ひとつだけ、
忘れてはならないことがある。

愛は、ときとして
困難を伴うということ。

でも、
その困難を共に乗り越えることで、
愛は深みを増し、
強さを手に入れる。

愛する人との間に困難が生じたとき、
それを乗り越えるための覚悟と努力を
惜しんではいけない。

愛とは、
自分を超越して他者を理解し、
尊重し、愛することだ。

その道を歩む君に、
僕は勇気と力を贈る。

大好きな人との関係が進まないと
感じているなら

恋愛というものは、
甘いハーモニーを奏でることもあれば、
ときには切ない不協和音を鳴らす
シンフォニーのようなものでもある。

君がいま、
大好きな人との関係が進まないと感じているのなら、
それは一時的な不協和音が
響いているだけかもしれない。

まず大事なのは、
心から関係の進展を求めているにもかかわらず
未来が見えない、という現状への感情を尊重し、
受け入れることだ。

君の気持ちを
大好きな人に素直に伝えてみてはどうだろう？

君の気持ちを正直に表現し、伝えることは、
君自身の感情を尊重することであり、
同時に相手への敬意を表す行為でもある。

ときには望む結果が得られないこともある。

でも、その結果自体が
新たな道を示すことがあるということを忘れないで。

その道が君にとって
新しい成長や幸せをもたらす機会につながることを、
心から信じるようにね。

些細なことで
ケンカが絶えなくなったら

相手への怒りの源泉は何だと思う?

ケンカとは、多くの場合、
言葉にならない不満や解消されない不安、
満たされない欲求、
深く微細な感情のあらわれである。

それゆえ、
ケンカが本当に表面的なことが原因なのか、
それとも背後に隠れた深い問題を反映しているのか、
それを探すことからはじめてみて。

それは感じ取られていない愛情、
見過ごされてしまった努力、
無視されてしまった期待についてなのかな？

自分の感情は自分自身の宝物で、
自分を支えるとても大切なもの。

だから、何があっても、それを無視したり、
ないがしろにすることがないようにして。

しっかりと自分の感情をたしかめたあとに
相手と冷静に話し合ってみるといいかも。

それが、ふたりの心から心へと伸びる橋を
築くことにつながる方法だと思う。

「結婚＝自分の価値」のとらわれ

人生というのは、
自分を見つけ、愛し、
育てる旅だ。

たとえば、
君が人生の真ん中、
いわゆる中年にさしかかりながら
まだ結婚していないとしても、
君が何かで失敗したというわけではない。

それはただ、
君の人生がほかの誰かとは違うルートを
選んで進んでいるだけのことだ。

結婚が人生のすべてであるとか、
成功の基準であると考えるのは、
だいぶ古い時代の考え方だと思う。

君の価値は、
結婚の有無によって変わるものでも、
揺らぐものでもない。

君の価値は、君自身のなかにある。

ほかの誰でもない、君だけのもので、
君自身によって確定されるものなんだ。

もし君が結婚を望むのなら、
それを追い求めることに何も問題はない。

ただ、それが君の
価値を決めるものではないことを、
忘れないようにしてほしいと心から願う。

恋人との会話がうまく進まないとき

大切な人との間に
微妙なズレや不調和を感じると、
その言葉のすき間から湧き出る
無音の静けさが、
なんとも耐え難い重さとなって
のしかかる。

恋人との会話がうまく進まないとき、
僕たちは言葉の力に疑いを抱き、
自分は何もできない人だと
感じることがある。

だが、
本物の愛が言葉だけで伝わるものではない、
ということを忘れてはならない。

心が心に直接触れる瞬間は、
言葉を超えた強さを持つことがある。

そう、君の愛情は、
相手に向ける静かな視線、
優しく寄り添う肌の接触、
温かな気遣いで表現できる。

それらは、
言葉が運べない深い愛を伝えられる。

振りまわされる恋愛からの卒業

誰もが皆、自分の恋人を中心に
世界がまわると感じることがある。

恋愛という名の
ジェットコースターに何度も乗せられ、
振りまわされ、ときにはそのスリルに心奪われ、
舞い上がったものの、
最後にはいつも虚しい感情に包まれる。

その重力から逃れるように、
それを放ってみるのもいいだろう。

そんな恋愛なら、
一刻も早く卒業することが、
自分自身にとって真の自由になり、
幸福への第一歩となる。

相手のちょっとした言葉や行動に翻弄され、
一喜一憂する混乱と困惑の詰まった恋愛から、
卒業するのだ。

今夜、卒業証書を自らに授けよう。

心を疲弊させる理不尽な恋愛から卒業することは、
自分自身にとって新たな解放となる。

それは、自分を中心に世界がまわることを受け入れ、
自分を大切にし、自分にフォーカスすることを可能にする。

僕は君の最後の味方になる

どんな困難も乗り越えられる
その日まで
世界が君を裏切るときも
僕は君の味方でいることを誓う。

涙に濡れた君の瞳に
僕が勇気と希望を灯すから。

僕は君の最後の味方になる。
君の笑顔が戻るそのときまで。

もう一度誓う。
僕は君の最後の味方になる。

第 5 章

これからは
自分を
一番に考える

毎日が、新しい自分の誕生日

毎日を自分の誕生日かのように生きよう。

それは毎日を新たな冒険、
新たな機会として捉え、
自分自身を祝福し、
愛するということ。

誕生日は、
1年に一度しか訪れない。

しかし、
その祝福と喜びを毎日感じることができるなら、
どれほど素晴らしいだろう。

そう、
今日また新しい君が誕生したこと自体が祝福であり、
君がここに存在すること自体が喜びなんだ。

新しい日がはじまったこと、
新しい自分が目を覚ましたこと、
新しい自分がここに存在することを祝うんだ。

自分を祝福することで、
君は他人を祝福することができるようになる。

だから、
毎日を自分の誕生日のように過ごそう。

自分を祝福し、自分を愛し、
そして、大切な人を愛し、世界を愛そう。

その声は聞こえていますか？

他人の視線は
ときに鋭く

他人の言葉は
ときに刺すように冷たい。

その視線から
遠ざかる必要がある、

その言葉から
距離を置く必要がある。

他人の視線を避け、
他人の言葉を遠ざける
そのとき、

自分を知り、
自分を見つめ、
自分を愛することができる。

自分の心の声を聞くために、
自分だけの光を見つけるために。

自分に新しい景色をプレゼントしよう

人生とは長い旅路。

その旅を豊かにするのは、
新たな出会い、体験、
そして見たことのない景色だ。

新しい景色に触れることで、
僕たちは自分を
新たな視角から照らし出す機会を得る。

だからこそ、
自分自身へ新しい景色をプレゼントしよう。
それは、君が君自身に贈る価値あるギフトなのだ。

新しい景色は、必ずしも遠くへ旅立つことを意味しない。
新鮮な風景は目と鼻の先、すぐそばにも広がっている。

たとえば、いままで何気なく通り過ぎていた
公園のベンチでひと息ついてみる。
そこで見る世界は、
きっといままでとは違う風景になるだろう。

あるいは、読んだことのないジャンルの
本を手に取ってみる。
そのなかに広がる世界は、
新たな風景を見せてくれることだろう。

普段通らない道を歩く。
いつもは見過ごしてしまう風景に目を向ける。
または、季節の移り変わりを肌で感じる。

それらすべてが、新しい景色を見つけるチャンスだ。

だから、今日からはじめてみてはどうだろう。
自分自身に新しい景色をプレゼントすることを。

それは必ずや、素晴らしい旅への門出となるだろう。

自分以外の誰かになろうとしなくてもいい

そのままの君でいい。
そのままの君がいい。

他人の色に染まろうとしなくていい。
君の色は、そのままで、この上なく美しい。

他人の音に合わせようとしなくてもいい。
君自身の音で奏でる旋律こそが、人の心に響くのだから。

他人の道を歩もうとしなくてもいい。
足跡の多い道より、自分の道を行くこと。

他人とは異なる、そのままの君でいい。
君が生きるそのすべてが、この上なく美しい。

みんなに好かれなくても大丈夫

みんなの愛を
受け取らなくても、
大丈夫。

誰もが君を好きにならなくても、
それはただの人生の一部。

それは
万人に愛される花なんてないのと
同じことだ。

みんなに好かれなくても、
大丈夫、君は君だけでいい。

君が君を受け入れるとき、
世界も君を受け入れる。

みんなに好かれなくても、
大丈夫、君は君だけでいい。

君の笑顔、君の涙、
すべてが君の物語。

それだけで、君は美しい。
それだけで、君は完璧。

もっと力を抜いて

僕たちは無意識に
力を込めて生きている。

学業や仕事、人間関係、
自己成長への期待といったものに
力を入れすぎてしまう。

でも、そうしたすべてが
自分の内側に緊張をつくり出し、
自分を無意識に疲弊させ、
心に小さな不安を残し、
結果として
僕たちの生活から自由を奪い去る。

だからこそ、
もっと力を抜いて、
もっと自由に生きることが必要だと思う。

もっと自分自身を大切に扱ってみよう。
自分にもっと時間をかけてみよう。
自分の心と体に対する敬意を表してみよう。
他人の視線を意識するのをやめてみよう。

そうすることで、
自分の内側に潜むストレスや緊張から
自分自身を解放し、
真の意味での自由な人生を
君は生きることができるようになる。

24時間だけ、
待ってみる

感情の海は
激しく波立つことがある。

しかし、どんなに高く打ち寄せる波でも、
24時間さえ待てば、静かな凪の水面が戻る。

これが24時間ルール。

だから、
その波が君を飲み込む前に、
24時間ルールを思い出そう。

一晩眠れば、
朝は必ず来る。

24時間経てば、
新しい自分に出会える。

24時間ルール。
それは君自身を守る力。

感情の波を乗り越え、
時間の海を渡るための力。

だから、
君がどんなに苦しいときでも、
24時間ルールを心に留めて、
自分を信じて進もう。

その24時間が、
君の人生の旅を、より美しく、
より豊かに照らしてくれることになる。

誰よりも先に、君が幸せになれ

おそらく君はよく、
他人を喜ばせ、
他人の期待に応えることに
重きを置く傾向があるだろう。

それは親切な心から来る行動で、
たしかに素晴らしいことだ。

しかし、
ときにはそれが君自身の幸せを
犠牲にする結果をもたらすことがある。

だからこそ、
誰よりも先に君が幸せになることが大切だ。

君がまず自分の幸せを追求することで、
他人を幸せにするエネルギーと可能性を
つくり出すことができる。

君が自分を幸せにすることで、
君が他人の幸せを引き寄せ、
自分の光を他人に分け与えることができる。

だからこそ、
誰よりも先に君が幸せになれ。

自分への優しさから、
幸せがはじまる

日々のなかで自分自身に向ける
ほんの少しの優しさ。

「大丈夫」と言い聞かせること。
自分のミスを許すこと。
何もしない時間をつくること。
自分を褒めてあげること。

それらが君の心を穏やかにし、
幸せを感じさせてくれる。

誰かに優しさを求める前に、
自分自身に優しくなろう。

その優しさが、
幸せへの鍵になっていく。

すべてを白紙にして、
気楽に気ままに生きてみる

君がこれまでに
経験したこと、
おこなったこと、
感じたこと、
すべては君の人生の一部。

それらはたしかに君を形成し、
君を君たらしめている。

もし、
いまの人生が窮屈に感じてしまうなら、
少しだけ後ろに下がってみて。

そして、そのキャンバス全体を眺めてみて。

それから自由に、気ままに、
新しい色を塗ってみて。

これまでのことはすべて白紙に戻し、
気楽に気ままに生きてみよう。

どんなかたちで描くのかは、
すべて君次第。

思うがまま、
君らしさを表現してみて。

決して手放してはいけないもの

君が君自身の味方でいること。
自分の手だけは離したらダメだ。

君が君の味方でいる以上、
どんなに嵐が吹き荒れたとしても、
自分はひとりじゃないと知ることができるから。

足を踏み出すたびに
躓くこともあるけれど
それでも君は立ち上がる。

自分の手を握りしめて。

遠くに見える光に向かい、
揺らぐことなく進む。

決して自分の手を離さずに。

疲れ果てたときも、
自分の手を握りしめ、
次の一歩を踏み出す。

自分に誓おう。
自分の手だけは決して離さない、ということを。

いつも自分をあとまわしにして、
がんばりすぎる君へ

　この本の最後のページを開いてくれてありがとう。まず、心からの感謝を伝えたい。

　君がこの本を手に取ったこと、そしてここまで読んでくれたこと、それ自体が君の心のなかで何かが動きはじめている証だと思う。
　この瞬間が、君が「真実の自分」を再発見する一歩目の瞬間だといいな。

　僕たちがこの世に生を受けたとき、神さまから与えられた目的が何か、僕にはわからない。

　でも、ひとつ確かなことは、僕たちは生まれながらにして美しく、愛される特別な存在であるということ。

　でも、ときにその事実を忘れ、外部の評価や他者との比較、無数の義務感に追われ、自分をあとまわしにしてしまうことが

ある。

　僕もかつて、他者や世間の期待に応えるために自分を犠牲に
していた時期があった。

　その結果、自分自身を疲れ果てさせて、真の幸福を見失って
しまった。

　でも、そんなある日、「自分が人生の主人公」であることを
思い出した。

　その瞬間、真実の自分を取り戻すことができた。

　君が君自身であること、君という存在そのものが、この世界
のなかで唯一無二の価値を持っていることを心から受け入れ、
感じ取ってほしい。

　君のなかには、無限の可能性と美しさが秘められているとい
うことも。

　それを解放するためには、まず自分を一番に考え、誰よりも
先に君自身が幸せになることが大切なんだ。

　君が自分を一番に考えることは、決して自己中心的ではない。
むしろ自分を大切にすることで初めて、他者に思いやりや愛を
持って接することができる。

人は、自分の心に余裕がないと他者にキツく当たる生き物だ。疲れた心では、他者に真心を持って接することはすごく難しいから。

　自分を大切にすることは、他者への深い愛となる。なぜなら、満たされた心からしか、真の愛は生まれないから。

　『これからは自分を一番に考える』というタイトルを選んだのは、この自分という存在の大切さを、もう一度考え直すためだ。

　この本は、君が日常のなかで「自分を最優先にするためのガイドブック」として書かれた。

　何度も繰り返し読むなかで、君が自分の価値を再認識し、それを大切にする日々を生き続けてほしい。

　最後に、この本を手に取り、最後まで読んでくれた君に、もう一度、心からの感謝を伝えたい。

　君が「真実の自分」を見つけ、その自分を大切にすることで、豊かで幸せな日々を過ごせることを願っている。

　この先、どんな日々が待っていても、君が美しく輝く存在として、いつも笑顔でいられますように。

この本は盟友で、ベストセラー『人は話し方が９割』（すばる舎）の著者でもある永松茂久と、編集担当の小寺裕樹がいなかったら生まれなかった。

　まるで血のつながった三兄弟のような深い信頼と絆を感じながら、一緒に本をつくる日々は、心が喜ぶ瞬間の連続だった。

　徳留慶太郎社長をはじめとした「すばる舎」のみなさんにも心からお礼申し上げたい。

　そして最後に、僕が19歳で単身日本に来てから、約30年近く一緒に人生を共に歩いてくれた最愛の妻・Kaoriには言葉にできないほどの感謝を感じる。
　彼女との愛と絆は、時間や生死を超えたものと信じている。来世も、来世以降も、永遠に共に生きることだけが、いまの僕の神さまへの唯一の願いである。

ジョン・キム

著者プロフィール

ジョン・キム

作家。韓国生まれ。日本に国費留学。米インディアナ大学マス・コミュニケーション博士課程単位取得退学(ABD)。博士(総合政策学)。ドイツ連邦防衛大学技術標準化部門博士研究員、欧州連合(EU)技術標準化プロジェクトEU Asia-Link プロジェクト専門委員、英オックスフォード大学知的財産研究所客員上席研究員、米ハーバード大学インターネット社会研究所客員研究員、2004年から2009年まで慶應義塾大学デジタルメディア・コンテンツ統合研究機構特任准教授&プログラムマネージャー、2009年から2013年まで同大学大学院政策・メディア研究科特任准教授。2013年からは、パリ・バルセロナ・フィレンツェ・ウィーン・東京を拠点に、執筆活動中心の生活を送っている。主な著書に『媚びない人生』(PHP文庫)、『真夜中の幸福論』(ディスカヴァー・トゥエンティワン)、『時間に支配されない人生』(幻冬舎)、『断言しよう、人生は変えられるのだ。』『生きているうちに。』(以上、サンマーク出版)、『ジョンとばななの幸せって何ですか』(光文社/吉本ばなな氏との共著)がある。

これからは自分を一番に考える
がんばりすぎてしまう君に贈る62の言葉

2023年10月29日　第1刷発行
2023年11月20日　第2刷発行

著　者　　ジョン・キム

発行者　　徳留慶太郎
発行所　　株式会社すばる舎
　　　　　〒170-0013　東京都豊島区東池袋3-9-7 東池袋織本ビル
　　　　　TEL　03-3981-8651(代表)　03-3981-0767(営業部)
　　　　　FAX　03-3985-4947
URL　　　https://www.subarusya.jp/

印刷　　　モリモト印刷